괜스레

괜스레

김수봉 제8시집

세종출판사

••• 서문

필자는 때늦게 등난했지만 부끄럽지 않은 작가가 되기 위해 앞으로 10년 이상 삶이 더 주어진다면 평생 5,000편 이상의 작품을 창작하고 그중에서 3,000편의 작품을 선정하여 30권의 시집으로 출판한 뒤 목표가 달성되면 그 뒤에는 출판한 시집 5권마다 1권씩 총 6권의 시선집을 내겠다는 것이 최종 목표이자 희망 사항이다.

이 8집은 필자의 평생 목표에 따라 지금까지 쓰고 선정했으나 출판비 문제로 미루어 두었던 8집 9집 10집을 더 이상 뒤로 미룰 수만은 없다는 결단에 따라 한참에 출간하게 된 시집이다.

총 150여 편의 작품 중 100편만 선정하여 제목은 '괘스레'로 정했다. 구성은 5부로 나누어 각부마다 20편씩 실었으며 작품을 실은 순서는 작품을 창작한 순서대로 월별로 나누어서 순차적으로 실었다. 각부의 이름은 생략했다.

변변치 않은 작품이지만 나름 최선을 다했으니 독자 재현의 긍정적인 평가와 격려와 질정 있으면 영광이겠다.

어려운 출판 환경에도 싫은 내색 않고 흔쾌히 출판에 응해주신 세종출판사 이동균 상무님과 이하 출판 관계자 여러분께 진심으로 감사의 말씀을 드린다.

2024.04.03.

김수봉 사룀.

차례

제2부 2022.08

제3부 2022.09

제4부 2022.10

제5부 2022.11

제1부

2022.07

작심作心

모든 욕심 내려놓고
분수에 만족하리라 했는데

일상은 위만 쳐다보지 않고
아래를 보며 살리라 했는데

기대도 원망도 잊어버리고
오로지 감사하며 살리라 했는데

다시 태어나도 물처럼 바람처럼
걸림 없이 살리라 했는데

마침내 삶도 죽음도 초월해서
안심입명하리라 했는데

작심은 작심이고 현실은 현실일 뿐
오늘도 작심하며 가슴치고 사는구나

(2022.07.14.)

접시꽃

애절한 사랑 얼마나 안타깝기에
성하盛夏의 하늘 아래
잎사귀보다 크게 꽃피워
냉정한 태양의 불호령에도
뜨겁게 고통을 즐기는 접시꽃

화장하지 않은 얼굴에
붉은 스카프 하나만 걸친 듯
시골 아낙네 같이 수수한 모습에
무슨 사랑 그렇게 갈무리했기에
꽃심이 하얘서 더 붉은 꽃잎
작열하는 여름을 반기고 즐긴다

특별해야 사랑이 아니고
빼어나야 꽃이 아니듯
덜 붉어서 수수하고
수수해서 더 붉은 단심
오히려 화사하고 아름답다

(2022.07.14.)

척이라도 하자

힘든다 어렵다 슬프다
비틀거리고 징징대지 말자
현실은 약한 놈부터 먹히는
약육강식 적자생존의 정글 속

괜찮은 척 자신 있는 척
좋은 척 강한 척이라도 하자
모든 것은 하기 나름이고
하다 보면 그렇게 되기도 한다

비바람에 젖지 않고 눈보라에
얼지 않고 가는 세월 없듯
누구도 즐겁고 기쁘기만 하고
모든 것이 쉽기만 한 사람은 없다

누구나 어렵고 힘들고 슬퍼도
살아남기 위해서
강한 척 아무렇지도 않은 척
그렇게 살아갈 뿐

(2022.07.17.)

커피를 내리며

커피는 같은 재료와 방법으로 내려도
내릴 때마다 서로 다른 맛과 향을 풍긴다

객지에 나가 있다가 특별한 날 한자리에
모인 가족을 위해 가장이 내리는 커피는
재료가 특별하지 않아도 전문가가 아니라도
여느 때의 커피보다 맛과 향이 특별하지만

아침에 혼밥을 하다가 입맛이 없어
수저를 내려놓고 커피나 한 잔 하려고
내린 커피는 향은커녕 쓰기만 하다

커피조차도 내리는 사람의 정성과 사랑과
마실 사람에 대한 배려와 이해에 따라
맛과 향이 이렇게 달라진다면
우리의 인간관계는 이와는 다를까

인간관계의 맛과 향기도
상대에 대한 배려와 존중의 정도에 따라
맛도 풍미도 달라지고 짙어지는 것 아닐까

(2022.07.08.)

백일홍

백일 동안의 뜨거운 그리움
이루지 못한 애달픈 사랑에
빨갛게 꽃피운 백일홍

태양의 지청구를 못 이겨
봄가을 좋은 시절 다 던져두고
작열하는 태양 아래
붉은 그리움 꽃으로 피었다

여름날의 뙤약볕보다 뜨겁게
백일동안 꽃피워 더위를 즐기고
넘어서서 전하는 열정의 그리움
오히려 더위조차 무색하다

붉은 꽃잎에 새겨진
이루지 못한 사랑과 그리움
이룰 수 없어서
도리어 아름답고 애처롭다

(2022.07.28.)

생존의 의미

생을 받은 모든 존재는 태어나면서부터
본의 아니게 죽음을 향해 나아가고
시차나 순서가 다를 뿐 반드시 죽는다

아프리카 초원의 인팔라가 한가롭게
풀을 뜯다가 갑자기 나타난 사자에게
속절없이 목숨을 바쳐야 하고
배를 채운 사자가 입가심하러
강가에 갔다가 악어에게 목숨을 바치듯
동물들은 언제나 서로 죽고 죽이는
생사의 경계선상에 서 있고

인간들도 약육강식 적자생존의 세상에서
상대나 다른 어떤 존재에 의해서라도
언제 어디서든 먹고 먹히는 생사의
경계선상에 서 있는 것은 마찬가지

모든 존재는 운이 좋아 수명이
다른 종에 비해 상대적으로 길거나
운이 나빠 남보다 빨리 죽기도 하지만
마침내 무엇이든 순서와 시차에 관계없이
어차피 죽고 말 것이라면 순서와 시차가
그렇게 큰 의미가 있는 것일까?   (2022.07.17.)

산언덕

불현듯 생각나
몹시 보고 싶고 그리울 때
무작정 올라 본 산언덕

그날처럼 하늘 내려앉은 바다는
옛날의 사연과 추억
눈부신 윤슬에 실어 보내고
바람이 그대의 향기를 전해와도
시린 바람 소리 마음만 소란하다

천년을 약속했던 맹세 깨뜨리고
서로 막말하며 돌아선 것도
그대 위한 배려였다는 변명도
비겁한 자기 합리화와 회피였음을
스스로 고백하고 후회하지만

이미 엎질러진 물
되돌릴 수 없는 회한만
가슴속에 갈무리한 채
세월처럼 쓸쓸한 발길 돌리고 만다

(2022.07.31.)

길가기

세상의 길처럼
인생살이도 수많은 길이 있지만
어느 길도 특별히 좋거나
반드시 가야 할 그런 길은 없다

누군가 먼저 갔기 때문에 생겼고
많은 사람이 뒤따라 이용했기에
넓은 길이 된 것일 뿐
원래부터의 길은 어디에도 없다

누군가 앞서가야 길이 생기고
어차피 어떤 길이든 가야 한다면
길이 막막하거나 보이지 않을 때가
오히려 자신의 길을 가고
만들 수 있는 기회일 수 있다

길은 누군가 만든 것일 뿐이라서
남의 길을 따라가기만 하면
아무리 걸어도 나그네나 아류가 될 뿐
앞장서서 내 길을 가야 주인이 된다

(2022.07.22.)

다행多幸

폭염이 연일 신기록을 자랑하고
전쟁과 치솟는 물가와 경제 둔화가
일상의 평온한 삶을 위협하며
코로나가 재확산을 엿보는 칠월 중순

밤이 아무리 어두워도
개구리 울음소리 옛 추억 소환하고
날이 뜨거울수록 매미의 목 매인
세레나데 시원함을 불러와서

위만 쳐다보면 끝이 보이지 않지만
아직 배곯지 않고 몸 아프지 않고
가족 무고하고 남에게 꾸러 가지 않고
가끔 안부 전할 친구가 있다면
그것만도 얼마나 다행한 일인가

행복은 산 넘어 무지개 속이 아니라
지족하는 마음속에 있는 것이라면
같은 값이면 좋은 쪽만 보면
다행 아닌 것이 어디 있으랴

(2022.07.06.)

도라지꽃

나라마다 국화가 서로 다른 것은
꽃피는 시기 향기 색깔 생김새와
꽃이 피는 기간과 속성 등을
서로 다른 기준으로 삼았기 때문이듯

아름답지 않은 꽃은 없지만
호불호는 꽃의 외형과 색깔과
향기와 속성에 따라 달라진다

도라지꽃은 7월의 염천 아래
백일홍처럼 아름답게 꽃피고
뿌리도 약용과 식용으로 쓰여
유용성과 외모도 여느 꽃 못지않지만
도라지나물을 먹어본 사람은 많아도
꽃을 알거나 본 사람은 드물다

도라지꽃이 뿌리의 효용성 때문에
도리어 꽃의 아름다움이
평가절하된다면 얼마나 억울할까

명품으로 몸을 감싼 천박한 부자가
훌륭한 사람으로 존중받는 현실처럼 (2022.07.07.)

때늦게 핀 등꽃

부산 부민산 꼭대기 등꽃 휴세소
봄에 못다 핀 꽃을 다시 피우려는 듯
오월의 등꽃이 열매를 키우는 칠월
늦깎이로 등단한 시인의 시작詩作처럼
등꽃이 청사초롱 불 밝힌 듯 꽃을 피웠다

은퇴할 나이에 등단한 작가처럼
때늦게 핀 등꽃 꽃피기도 어렵지만
열매 맺기는 더욱 어렵다는 것
모르지 않을 터인데 숙성 기간도
고려하지 않고 열매만 기대하는 것은
작가나 등꽃이나 분수 밖의 욕심일 뿐

모든 것은 때와 운수가 있으니
작가나 꽃이나 때늦게 꽃피웠다면
그것만도 천만다행이라 여기고
거기까지가 자신의 분수임을 깨닫고
차라리 분수에 만족하는 것이
오히려 안심입명의 지름길 아닐까

(2022.07.15.)

미생

바둑에서 미생마는 상대의 끊임없는
공격을 방어하고 상대를 공격해야
살아남을 수 있기 때문에
미생의 꿈은 언제나 완생이다

그러나 바둑돌이 두 집을 내고 완생하면
잡아놓은 물고기에 더 이상 미끼 주지 않듯
다음부터는 누구도 어떤 관심도 주의도
기울이지 않기 때문에 완생한 돌은
도리어 섭섭해서 미생 때를 그리워한다.

인생도 죽는 날까지 완생을 추구하고
적자생존과 약육강식의 생존경쟁에서
완생하기 위해 끝없는 고통과 시련을
감내하지만 막상 완생에 가까워지면
도리어 아무도 관심 갖지 않는 완생보다
힘들고 고통스럽던 미생 때를 그리워하듯

바둑이나 인생에서 완생이나
미생의 모순된 역설은

완생은 그냥 추구해야 할 삶의 목표일뿐이거나
인생이 미생 그 자체일 뿐이라서

도리어 미생을 즐기고 최선을 다하는 삶이
오히려 행복하다는 삶의 모순된 의미와
태도를 역설적으로 웅변하는 것 아닐까

(2022.07.04.)

미美의 기준

미녀 대회에서 뽑힌 미녀가
해마다 서로 다른 특징을 지니고 있듯
미의 기준도 정해져 있는 것이 아니라
시대나 상황이나 취향에 따라
끊임없이 변하고 달라진다

미는 대체로 곡선이 직선보다 아름답고
무채색보다 유채색이 더 아름답다지만
낙락장송이나 여자의 다리는 곡선보다
직선이 더 아름답다 하고
흑색보다 흰색을 더 멋지게 여기듯

예술 작품도 사람에 따라
서로 다르게 평가되기도 하고
당대에 빛을 보지 못하던 작품이나
높이 평가 받던 작품이 후대에
역전되고 재평가되는 것도

작품의 본질적 수준의 문제가 아니라
미의 평가 기준이나 안목이 시대와
상황에 따라 달라졌기 때문일 뿐 (2022.07.06.)

배우 인생

바둑돌은 두는 사람의 의도에 따라
사석이나 미끼돌이 되기도 하지만
불평불만 할 이유가 없듯

배우도 연극이나 영화에서 감독이나
연출자의 의도와 각본에 따라 최선을
다해 연기할 뿐 주어진 역할에
불평 불만할 이유도 필요도 없다

다만 연극이나 영화의 성공 여부는
감독이나 연출자의 연출 의도보다
배우의 구체적인 해석과 연기나
태도가 더 중요하듯

인생도 조물주가 주제하는 연극에
등장하는 배우의 연기에 불과하다면
인생의 성공을 위해서는 조물주의
눈치나 살피고 전전긍긍하기보다
오히려 주어진 자신의 역할과 삶에
최선을 다하면 그뿐 아닐까

(2022.07.02.)

실망

기대가 없으면 실망도 없기에
실망은 기대의 딸이자
새로운 기대를 낳는 어머니다

실망은 기대가 무너졌을 뿐
실패가 아니기에
좌절하거나 절망할 필요는 없다

기대는 원래 희망이나 가능성이었을 뿐
다 이루거나 이루어질 수도 없는 것
기대가 있어 희망이 생겼고
새롭게 살아갈 힘이 생겼다면
기대는 이미 자기 역할을 다한 것

기대가 무너져서 실망스럽더라도
좌절하거나 절망하지는 말자
인생은 기대와 실망의 교직일 뿐
실망은 언제나 새 기대를 낳지 않던가

(2022.07.20.)

내 마음

천하의 불개미
모두 모여 물어뜯는다

마침내
숭- 숭- 숭-
구멍이 생긴다

장마철 하늘처럼
우중충 구겨진
내 마음

바람이 없어도
구멍마다 광풍이 불고
말발굽 소리 요란하다

때늦게
앓던 젖니 빠지고
영구치 날 일도 없다면

꿈도 희망도
근심 걱정도 없어서
오히려 무의미한 삶 탓일까 (2022.07.11.)

욕심

능력과 가능성이 있으면
아무리 탐내고 누리고자 해도
욕심이 아니지만 자신의 분수나
주제를 모르고 가능성도 없는데
탐내기만 하면 욕심이 된다

세상 모든 것은 때가 있듯
젊은 시절은 무엇을 하든
언제든지 가능성이 있고
하는 만큼 채울 수도 있어서
어떤 것도 욕심이 아닐 수 있다

늙으면 이미 추수가 끝난 들판이라서
아무리 채우고 더하려 애를 써도
이미 가능할 수 없기 때문에 무엇이든
채우려 하는 것 자체가 욕심이 된다

인간은 욕망의 그릇이란 말처럼
욕심으로 살고 욕심이 있어서 살지만
분수 밖의 욕심은 끝내 채울 수도
채워지는 것도 아니라서
절제와 분수를 모르는 욕심은
인생의 고통과 좌절만 더할 뿐 (2022.07.29.)

하선동력夏扇冬曆

조선시대는 임금이 동짓날은 달력을
하지에는 부채를 내려주어서 추위와
더위에 고생하는 신하들을 격려했다

당시에는 그렇게 치렁치렁한 옷을 입고도
부채 하나로 여름을 넘어서고 쉬는 날은
뒷산 소나무 그늘에 앉아 화로에 불을 피워
차를 달여 마시며 이열치열 더위를 넘어섰다

오늘날은 선풍기도 부족해서 집집마다
에어컨을 달고도 더워서 못살겠다 아우성이다
물론 지구 온난화란 변명이 있기는 하지만
변명도 에너지를 지나치게 사용한
자업자득의 결과인 점을 고려해본다면

덥다 춥다고 아우성치며 끝없이 에너지를
낭비하는 것보다 오히려 선인들의
안분지족하는 삶과 지혜를 배우는 것이
추위와 더위를 넘어서는 지름길 아닐까

(2022.07.23.)

자취

가뭄 끝에 지나가는 소나기는
아름다운 무지개를 남기고
어두운 밤도 영롱한 아침 이슬을 남기듯
이 세상에 온 것은 어떤 것도
갈 때는 반드시 자취를 남기지만
자취가 다 아름답고 향기로운 것은 아니다

관광지의 바위에 억지로 새긴 이름이나
무심결에 뀐 방귀는 구린내만 남기듯
민족을 반역한 대가나 부정한 방법으로
고관대작이 되어 훈포장과 상을 받고
강자에게 아첨하고 약자에게 군림하며
무소불위의 권력을 휘둘러서 남긴 이름은
오히려 구취만년의 부끄러움만 남길 뿐

아름다운 격려의 한마디 말이
약자의 가슴에 살아갈 용기를 새기고
자신을 태운 연탄의 열기는 사람의
가슴속에 언제나 따뜻한 온기를 남기듯
남을 위해 희생하거나 봉사한 자취라야

억지로 남기지 않아도 후손의 마음속에
영원히 살아남아서 청사에 유전한다

사람은 억지로 이름을 남기려 애쓰기보다
얼마나 아름답게 어떻게 살 것인가에
관심 갖는 것이 더 필요한 것 아닐까

(2022.07.30)

노년의 소식통

스스로 분수를 아는 노년들
주고받는 카톡 소식통도
생존에 관한 안부가 중심이다

'친구야! 너 소식 들었니?
지난 달 누구누구가 죽었다 카더라'
'아니 지난해 멀쩡하다고 큰소리쳤는데
어찌 그리 허망하게 갔다 하더노'

'늙으면 특별한 이유가 있나 안 죽으면
살아 있는 것이고 오늘 죽어도 이상할
것 없는 것이 우리들의 삶 아니가'
'하긴 네 말이 맞기는 맞다만 참 안됐다'

'친구야 자주 연락하자 연락하는 것이
생존 신고 아니겠나 달 넘게 연락 없으면
중천에 갔거나 유고 있는 것 아니겠나'

'그래. 부디 죽지 말고 자주 연락하자.'
'그래그래 건강하게 잘 지내 안녕~~~'
하하하 사는 것 참 우습다 (2022.07.26.)

제2부

2022.08

팔월 맞이

편의를 위한 인위적 분절일 뿐
오가는 것도 아닌 것이 시간이지만
그래도 오늘은 인생의 마지막이 될 수도
특별한 장이 열릴 수도 있는 팔월 초하루
새로운 포부와 희망과 기대로 맞고 싶다

오늘이 어제와 별반 달라질 것도 없고
초하루와 월말이 특별할 것이 없다 해도
한 번 가면 다시 오지 못할 오늘
특별한 것이 없어야 오히려 편안해도
오늘은 특별한 날처럼 그렇게 맞고 싶다

어차피 맞이해야 하는 오늘이라면
아직 닥치지 않은 걱정은 던져버리고
시작이 좋으면 끝도 좋다 했으니
어린 아기 젖니 돋듯
새 아침 햇살 퍼지듯
새로운 희망으로 맑고 밝고 기대되는
그런 날로 팔월을 맞고 싶다

(2022.08.01.)

콜라텍

젊은 콜라가 늙은 욕망과 만나
미라볼 불빛이 현란할수록
뻣뻣한 몸과 굽은 다리는
음악과 엇박자 스텝만 밟는
몸부림의 콜라텍

오늘도 남자이고 여자이고 싶은
칠팔십 대의 익은 청춘들
빼빼이 돌 때의 짜릿함을 잊지 못해
매일 처럼 눈 맞추고 손잡아보아도
춤은 언제나 엇박자로 끝나고

마주 잡은 손끝의 스파크를
기대하지만 기대는 희망 사항일 뿐
굼벵이처럼 꿈틀거리는 몸짓 발짓은
언제나 상대의 발등만 밟다가 손을 놓는다

욕망과 현실이 어긋나고 오늘의 바람이
내일로 연결 될 수 없어도 청춘의 꿈이
미라볼 불꽃보다 찬란한 콜라텍

(2022.08.27.)

분수噴水

떨어질 줄 알면서도
끊임없이 치솟는 중력의 반항아
중력을 거스를수록 높이 솟구칠수록
파르르 떨리는 물줄기의 꼭대기에서
무참하게 추락하고 마는 분수

죽을 줄 알면서도 죽지 않으려 애쓰는
생을 받은 모든 존재처럼
아무리 채우고 이루어도
끝내 다 채울 수 없는 인간의 욕망처럼

욕망이 있기에 치솟음이 있고
솟구침이 있기에 당연히 떨어지지만
욕망의 끝은 어디에도 없어서 추락은
언제나 안타깝고 애절하기만 한 너

삶과 치솟음 죽음과 떨어짐의 갈림길에서
죽어도 죽지 않고 치솟으려 애쓸수록
운명처럼 번복과 반복만 거듭하는 너
끝없는 욕망의 안타까운 굴레일 뿐

(2022.08.08.)

마른장마

올 듯 올 듯 오지 않고
개일 듯 말 듯 개지 않는 마른장마
너는 누구나 한 번쯤 굴려보겠다고
시험해 보지만 아무도 굴리지 못하고
흔들리기만 하는 흔들바위다

일기예보가 부끄럽게도
외출할 때는 우산을 챙기고
홍수에 대비하라고 경고를 했지만
그제도 어제도 큰 비가 온다 해서
문단속했다가 밤새 땀만 흘렸다

천둥 번개 요란하면
큰 비 오지 않는다는 옛말처럼
여우가 시집을 가듯 감질비만 내리고
저수지는 바닥을 드러내도 밤마다
무더위에 밤잠만 설치는 마른장마

차라리 시원하게 한 줄기 쏟아져
가뭄이라도 면하게 했으면 좋으련만
기대만 부풀려 놓고 풀릴 듯
풀리지 않는 숙제나 요즘의 정치처럼
실망만 안겨주는 마른장마 장마라서
오히려 목마르고 꿉꿉하기만 하다 (2022.08.02.)

딜레마

시상이 떠오르지 않고 시가 써지지
않는 것은 생활이 너무 평온하고
평탄하기 때문이란 진단을 받았다면

방화를 해야 긴장감이 생기고
긴장해야 더 좋은 작품이 써진다는
소설 속 미친 음악가의 삶처럼*

시인은 시를 쓰기 위해 일부러 자신의
일상적 삶을 파탄 내고 갈등과 고통
속으로 들어가야 할까

평온을 깨뜨리면 시는 써지되
오히려 더 불행해진다면
시를 쓰기 위해 불행해야 할까
행복하기 위해 시를 포기해야 할까

시 쓰기는
독이 든 술잔처럼
언제나 딜레마인 것을

(2022.08.06.)

* 김동인의 단편소설 광염소나타.

그렇다면

꿈이 있고
꿈을 꾸면 행복할까

꿈만 꾸고
꿈을 깨지 않아도 행복할까

그렇다면
꿈이 없고
꿈을 꾸지 않으면 불행할까

꿈을 깨고
꿈이 깨지면 불행할까

꿈은 꿈일 뿐이라도
어차피 살아야 하기 때문에

꿈은 그냥 꾸기도 하고
깨기도 하는 그런 것 아닐까

(2022.08.23.)

몸부림

몸과 감정이 격하지 않아도 약육강식과
적자생존의 정글 속을 살아가야 한다면
생존 자체는 이미 몸부림이다

사는 것이 죽는 것보다 못하거나
죽자니 청춘이고 살자니 고생일 뿐
죽지 못해 살거나 어쩔 수 없이
살 수밖에 없다면

아무리 노력하고 애써도 되는 일도 없고
노력하고 애쓸수록 수렁에 빠지고
매일이 힘들고 고통스럽기만 하다면

상대를 죽여야 살아남고
남을 짓밟고 올라서야 성공하고
빼앗고 이겨야 안전할 수 있다면

인간은 평생 행복을 추구한다지만
실제 삶은 언제나 몸부림일 뿐이다
살아남는 것 자체가 행복이니까

(2022.08.26.)

뛰어난 예술가

음악과 미술은 절대 음감과 색감을
무용과 문학은 절대 육감과 어감을
타고나야 뛰어난 예술가가 될 수 있지만

산해진미로 차려진 진수성찬이라도
간이 맞지 않으면 빛 좋은 개살구일 뿐
간이 맞게 끓인 된장찌개보다 못하고
아무리 대상을 정확하게 잘 찍은 사진도
작가의 의식을 담지 못하면 예술이 아니듯

문학도 천부적인 감각을 타고났으면
화려하고 감각적인 표현은 가능하지만
작가의 의식과 개성을 갖추지 못하면
뛰어난 작가가 될 수 없고
아무리 노력하고 의식을 담아도
절대 감각을 타고 나지 못했다면
노력만큼 뛰어난 작가가 될 수는 없다

뛰어난 예술가는 타고난 절대 감각에
노력과 의식이 더해져야 비로소
이루어지는 그런 것 아닐까 (2022.08.26.)

헛된 자존심

어쩌다 너무 그립고 외롭고
슬프고 괴롭고 후회되는 날은
미워졌다 싫어졌다 좋은 사람 생겼다며
돌아서서 떠나갈 때
뿌리친 손 부여잡고 무조건 무릎 꿇고
이유도 묻지 말고 용서라도 빌어볼 것을

부모 형제의 반대가 있었거나
무엇인가 오해를 했거나 질투해서
흉보는 남의 말을 들었거나
괜스레 심술이 났거나
아니면 자신을 시험해보고
싶었는지도 모를 일이었는데

돌아설 땐 헛웃음치고
콧방귀 뀌며 매정하게 돌아선 뒤
이제 와서 후회한들
이미 쏟아지고 흘러간 물일 뿐인 것을
사랑 앞에 그깟 자존심이 무엇이라고

(2022.08.01.)

자랑

특별한 자랑거리가 없어도
누구나 자랑하고 싶어 하지만
사촌이 논을 사지 않아도
누구도 듣기 싫고 배 아픈 자랑

도둑놈은 자신의 도둑질을 자랑하고
조폭은 자신의 폭력적 행위를 자랑하고
사기꾼도 자기의 거짓말을 자랑하지만

자랑하지 말아야 할 것도 자랑하면
자랑은 결국 자신을 함정에 빠뜨려서
마침내 자랑 끝에 오쟁이를 지게 되듯

기쁨은 나누면 나눈 만큼 커지고
슬픔은 나눈 만큼 줄어든다지만
자랑은 할수록 퇴색하고 줄어들 뿐

울안의 매화는 자랑하지 않아도
향기를 따라 벌 나비가 찾아오듯
자랑할 만한 것은 자랑하지 않아도
저절로 소문나서 자랑거리가 된다 (2022.08.30.)

엄광산 등산로

꽃마을 지나
엄광산 순환 등산로

아침마다 지팡이 짚은
늙은 등산객

오늘도 맞이하는
동해를 박찬 아침 해

목적지는 언제나
출발점인 제자리일 뿐

꽃마을 지나
엄광산 순환 등산로

아침마다 생의 의미를 확인하는
늙은 등산객

(2022.08.22.)

공짜

세상에는 어떤 것도 공짜는 없다
공짜로 주어진 것은 어느 것도
부담과 재앙을 낳지 않는 것도 없다

노동이 있어야 임금을 받고
배려하고 역지사지해야 인정받고
봉사와 희생이 있어야 존중받듯

사랑도 먼저 주어야 사랑을 받고
기대도 노력과 고통이란 대가를
지불한 만큼만 성공할 수 있고

행복도 욕심을 줄이고 분수에
만족하겠다는 지족의 마음만큼만
가능하고 누릴 수 있듯

소금 먹은 놈이 물을 켜서
이유 없이 공짜로 주어진 것은
언제나 뇌물처럼 화근을 남길 뿐

(2022.08.13.)

늙으면

낮은 낮대로 밤은 밤대로
너무 무료하고 지겹기만 하지만
지나간 시간은 너무 빠르고
허무해서 안타깝기만 한 시간

비 오고 바람 불거나
눈 오고 춥거나 하면
오라는 곳도 갈 곳도 없으면서
어디 갈 수도 없다고 투덜대고

날씨 좋고 기온도 적당하면
할 일도 할 수 있는 일도 없으면서
무엇인가 기다리며 세상이 무정하고
노인을 무시한다 불평불만 하고

오늘이 어제 같고 그제 같아서
매일이 답답하고 지겹기만 해서
사는 것이 죽는 것보다 못하다면서도
괜스레 건강만 걱정하고 탄식한다

(2022.08.31.)

가을

길섶의 풀벌레 소리
시들한 매미 소리 이기고
땀을 씻는 샤워부스의 물이
갑자기 '어이 차가워' 할 때면

땡볕이 아무리 기승을 부리고
열대야가 밤마다 잠을 설쳐도
벌써 가을은 와있고 처서 절후는
모기의 입을 삐뚤어지게 만든다

인간이 절후를 잊어도
몸이 계절을 알 듯 때가 되면
그렇게 지겹고 무덥던 여름도
저절로 가고, 와야 할 가을은
어김없이 때맞춰 오고야 만다

무슨 일이든 최선을 다했다면
그냥 때를 기다리는 것이 순리

(2022.08.23.)

토사구팽

가을 들판에 참새를 쫓던 허수아비
추수가 끝나고 겨울이 되면
불쏘시개로 돌아가고

겨울 산에서 토끼 사냥하던 사냥개
이미 봄이 오고 당분간 사냥 계획
없으면 잡아먹는 것도 당연하듯

새로운 정권 창출이나 쟁탈에 힘을 보탠
참모들도 절대 권력의 안정이나
또 다른 권력 투쟁을 방지하기 위해서
반드시 할 수밖에 없는 투사구팽
빠를수록 오히려 더 좋을 수도 있다

다만 구팽도 명분 나름이라서
풀을 쳐서 뱀만 놀라게 하면
성공은커녕 도리어 뱀에게 물리게
될 수도 있기에 쾌도난마처럼 빠르되
확실하게 처리해야 하는 것도
역사가 보여주는 교훈

(2022.08.14.)

좋은 날

비 오면 낙숫물 소리 들으며 비에 젖고
날 맑으면 꿉꿉한 몸 뽀송뽀송 말리고
바람 불면 산들바람에 옷깃 날리고
구름 끼면 먼 산 바라보며
첫사랑도 추억하고

그리운 사람 만나면 기뻐서 웃고
사랑하는 사람과 이별하면 슬퍼하고
기쁘면 즐거워서 노래하고
슬프면 고통스러워 울음 울듯

날씨와 만남과 이별과
기쁨과 슬픔을 느낄 수 있음은
오로지 살아있기 때문이고
살아 있어야 모든 것을
느낄 수 있을 뿐이라면
살아있는 날은
언제나 가장 행복하고 좋은 날 아닐까

(2022.08.22.)

하늘

하늘은 넓고 크고 푸르고 변함없어
전지전능하게 이 세상을 주관하며
인과응보하게 하는 절대자라서
언제나 우러러보고 숭배하는 존재지만

하는 일마다 엎어지고 할 수도 없어
사는 것이 너무 힘들고 답답할 때
우연히 강가에 앉아보면 그곳에는
우러르지 않아도 미풍에도 흔들리고
부서지는 볏볏치 못한 하늘을
우연히 마주하게 된다

깨지고 부서지는 나약한 하늘을 보노라면
하늘은 공명정대하고 항상 푸르고
전지전능한 존재로 만든 것은 나 자신일 뿐
하늘이 그렇게 대단하고 절대적인
존재인 것만도 아니라는
실망스런 비밀을 갑자기 깨닫고 만다

(2022.08.10.)

그까짓 것

겨우 그 정도의 것이라는
'그까짓 것' 무시하고 얕보지 마라
이솝 우화의 '신포도'처럼
그까짓 것이란 말이 없으면
약자가 어찌 위로 받겠나

그까짓 것이라며 무시하는 마음
어쩌지 못하는 약자의 자존심이자
좌절과 슬픔을 이기는 만병통치약

아무리 대단한 것이라도
어쩔 수 없는 상황이라면
차라리 그까짓 것이라며
무시하고 체념하면
다시 일어설 힘도 생긴다

어떤 일도 받아들이기 나름
어렵고 힘들고 자존심 상할수록
오히려 힘과 용기를 주는
'그까짓 것'이다

(2022.07.04.)

괜스레 2

아무 까닭이나 이유도 없이
권력자나 부자나 힘센 자 앞에서
괜스레 주눅 들거나 겁먹지 말고
어디서나 당당하고 떳떳하게 살자

잘 할 수 있고 잘 했다면
큰 능력도 갖추고 있다면
괜스레 부족하고 부끄럽고 못난 척
겸양하거나 사양하지도 말자

염치없고 허풍만 있는 양두구육에게는
괜스레 양보하고 숙이고 물러서지 말고
정당한 까닭이나 이유가 있을 때만
겸양하고 배려하고 존중하자

세상은 빈 깡통이 요란하고
껍질만 화려한 놈이 성공하지만
크게 짖는 개는 겁이 많아서
물지 못하는 요지경 세상이니까

(2022.08.20.)

변화

돌은 놓이는 자리에 따라
걸림돌이나 디딤돌이 될 수 있고
나무도 쓰임에 따라 서까래 대들보
바지랑대 부지깽이가 될 수도 있어서
같은 능력이라도 상황과 조건이 다르면
달리 성공하고 쓰일 수도 있지만

콩이 두부가 되거나
밀이 빵이 되기 위해서는
쓰임 같은 외적 상황이나
형태나 형식의 변화만이 아니라
맷돌과 물과 불을 만나 차원을
달리하거나 질적 융합과 변화와
환골탈태가 있어야만 가능하듯

오늘날 성공하기 위해서는
옛날 같은 기존의 묵수나 단순한
외적 변신과 변화가 아니라
새로운 차원의 질적인 변화와 융합이
있어야만 가능한 그런 시대 아닐까

(2022.08.19.)

제3부

2022.09

길거리 공연

토요일에만 도개하는 영도다리
그 아래 마련된 예술인들의 공연
구경꾼보다 악사와 가수가 더 많다

나름 최선을 다해 더 화려하게 꾸미고
목청을 돋우지만 듣보는 이 없는 공연
덧칠할수록 소리칠수록 어릿광대처럼
우스꽝스럽고 배만 고프다

내일의 스타를 향한 꿈은 꿈일 뿐
대부분 되기처럼 쓸쓸하게 무대 뒤로
사라질 것을 모르지는 않지만
무명의 허기를 운명으로 여기면서
오늘도 앞다투어 목청을 돋우고 있다

어제도 그랬듯 내일을 담보할 수는 없지만
일몰 직전의 석양이 가장 아름답다 했으니
언젠가는 마침내 모든 꿈 다 이루어
아름답고 화려한 열매 맺기만 기대할 뿐

(2022.09.25.)

고상한 삶

잘난 사람의 고상한 삶을 위해서는
천한 일을 담당하고 낮은 임금으로
오로지 잘난 사람에게 봉사하는
못난 사람이 있어야 가능하다면

인간이 잘나거나 못난 것은
단지 돈이 많고 적은 것의 차이일 뿐
세상을 아름답고 고상하게 만드는 것은
언제나 못나고 가난한 사람들의 몫

돈이 많으면 못나도 잘나고
돈이 없으면 잘나도 못 나는 세상이지만
겉과 속은 언제나 서로 달라서 많은 돈은
세상을 부패와 타락으로 이끌 뿐이듯

청빈한 선비가 세상의 소금이었다면
많은 돈은 도리어 사람을 천하게 만들 뿐
가난이야말로 인간 삶을
고상하게 만드는 소금 아닐까

(2022.09.25.)

추석 달

부모님 나 돌아가시고
차례도 준비하지 않아서
힘들고 성가신 귀성도 없고
아들딸과 손자녀들이 찾아와서
시끌벅적 웃음소리 가득한 집안

오히려 추석빔 차려입고 맛있는 음식
모처럼 배불리 먹던 어린 시절이나
불편한 교통 멀고 힘든 귀성 끝에
고향의 부모님을 찾아뵙고 옛 친구들을
만날 수 있었던 그 시절이 그리운 것은

고향의 하늘보다 더 빛나고 아름다운
별들이 절영도에 내려앉고 백 년 만에
가장 둥글게 보인다는 추석 달이
봉래산과 부산타워에 금빛 수를 놓아도

고향의 추석처럼 푸근하지도
설레지도 않고 가슴만 아릴 뿐
도리어 고향의 달보다 희미하고
쓸쓸하게만 보이는 것은
내가 이미 늙은 탓만일까 (2022.09.12.)

낙동강하구의 모래톱

심통 난 시어머니 낯짝 같은 아침 하늘
무겁고 어지러운 마음 둘 데 없어
무작정 길 나선 다대포의 낙동강 하구

갈대꽃이 무진장인 고우니길을 지나
낙동강 하구 강변 산책로를 걷고
또 걸어 봐도 바람도 없는 강물은
물결조차 일지 않고 강변에는 강태공
몇 명만 낚시 드리운 채 졸고 있을 뿐

이따금 떨어지는 빗방울이 성가셔서
산책로 중간 쉼터에 앉아 한숨 쉬며
저 멀리 바라보니 강물 베고 길게 누운
모래톱 빙그레 웃으며 다정히 속삭인다

'어이! 친구 바장이고 애태우지 말고
나처럼 낮고 길게 편히 누워보시게
큰물 지면 가끔은 숨 막히고 갑갑할
때도 있지만 비 그치면 금방 햇빛 나고
여기도 꽃피고 새가 운다네.'

멈춘 듯 흐르는 강물 하염없이 바라보다
이내 부끄러워 감사하다는 말도 못다
한 채 무거운 마음 서둘러 내려놓고
가벼운 발길 돌린다

(2022.09.26.)

겨누기

총이나 화살은 쏘기 전 겨눌 때가
발사되어 맞는 순간보다 더 두렵고
주먹도 겨눌 때가 맞을 때보다
더 아프다는 말처럼

인생살이도 아무리 어렵고 힘든
일도 막상 부대끼고 극복할 때는
크게 힘든 줄 모르고 넘어가지만
미리 낌새를 알고 기다릴 때가
닥쳤을 때보다 훨씬 더 힘들고 어렵듯

태풍 힘남노도 올라오는 속도가 느려서
일주일 전부터 태풍이 올라오고 있으며
이제까지 경험해 보지 못한 매우 강한
태풍이라며 당부에 위협을 더하니

물론 무사히 지나가기를 바라지만 아직
닥치지도 않았는데 태풍을 맞은 것보다
오히려 근심 걱정과 두려움은 더 컸다

내일의 불행을 오늘에 가져와서
미리부터 두려워하고 힘들 필요 있을까 (2022.09.05.)

마술사

세월은 마술사다
마술사는 마음만 먹으면 있는 것도
없게 하고 없는 것도 있게 해서
무엇이든 만들어낼 수도 있고 헌것을
새것으로 그 반대로 만들 수도 있듯

세월도 언제나 새것을 낳고 만드는 한편
현존하는 것은 어떤 것도 낡고 쓸모없는
것으로 만들고 아무리 아름다운 것도
추하거나 추억으로 만드는 마술사다

사람도 세월이 쌓이면 누구나 어디가
아프고 슬퍼서 반드시 죽게 되고 죽는
사람 중에 멀쩡한데 죽는 사람은 없다

시들지 않고 떨어지는 꽃도 없지만
일몰은 지기 직전이 가장 아름답다 했으니
늙으면 다 그러려니 하고 그렇게 살 뿐
더 오래 살겠다고 바장이고 야단 떨면
오히려 추하지 않을까

(2022.09.16.)

별세한 형님

이승에서
건들건들 울퉁불퉁
거칠 것 없이 팔십 년 넘게
모 아니면 도로 살아온 형님

저승이 있다면
저승에서도 술 몇 잔
거나하게 드시고
흔들흔들 울끈불끈
거침없이 마음껏 살아가세요

이승에서도 거칠 것이 없었는데
그까짓 저승에서 두려울 것이
무에 있겠으며 있다 한들
무엇이 문제겠습니까

이승의 연분이 다하지 않았다면
이승보다는 더 좋은 인연으로
저승에서 다시 만나
한세상 어우렁더우렁 살아봅시다

(2022.09.08.)

삶의 의미

죽으려고 태어난 존재도 없지만
죽지 않는 존재도 없기에
생을 받은 모든 존재는 본의 아니게
죽음을 향해 달려가다가
마침내 죽음으로 그 끝을 맺고

모든 물은 바다를 지향하지만
바다에 도착하면 그 뿐
바닷물로 새로운 삶을 시작하듯

인간의 삶도 따지고 보면
목적지를 향해 나아가는 과정일 뿐
목적지에 도착하면 그 뿐
새로운 시작일 뿐이다

생명을 가진 모든 존재의 삶은
결국 죽음을 지향하는 과정일 뿐
역사도 명예도 산자의 몫이라서
삶은 결국 색즉시공 공즉시색 아닐까

(2022.09.03.)

삶의 자세

낮이 길면 밤이 짧고
양지가 있으면 음지가 있고
오르막이 끝나면 내리막도 있듯

나쁜 일이 있으면 좋은 일도 있고
슬프고 괴로운 일이 있으면
기쁘고 즐거운 일도 있기 마련

오늘 기쁘고 즐거우면
그것을 누리고 향유하면 그뿐
미리 괴로워하고 슬퍼할 이유도 없다

비 오고 바람 부는 날이 계속되면
맑은 날이 기다려지지만
반대일 때도 있고
또 그렇게 되는 것이 날씨이듯

인생도 돌고 돌아서 어떤 것도
영원해야 좋은 것만도 아니니
오늘에 최선을 다했으면 그뿐
내일은 내일에 맡겨두면 어떠리 (2022.09.17.)

생生과 사死

생을 받은 모든 존재는
오래 살고 죽지 않으려 하지만
생사는 화학적 변화를 통한 순환일 뿐
그렇게 미워하고 두려워하거나
특별히 좋아할 이유도 필요도 없다

약육강식의 생태계에서 약자는 먹혀서
강자의 몸이 되고 강자는 죽어서 다시
약자의 몸이 되니 죽음은 서로 다른
몸으로 태어나기 위한 화학적 변화이거나
서로 먹고 먹히는 과정을 통해서
끊임없이 재생 순환할 뿐 강자나 약자나
삶이나 죽음이나 서로 다른 것이 아니듯

모든 존재는 누가 변화의 단계를 몇 번
더 겪고 덜 겪는 정도의 차이가 있을 뿐
모두가 물리적 화학적 변화를 겪으며
돌고 돌아서 결국 나와 네가 하나 되니
생과 사는 마침내 물리적 화학적 변화를
통한 순환일 뿐 하나인 것 아닐까

(2022.09.10.)

노방봉주

말벌도 인간처럼 원죄가 있는 것일까
먼저 건드리지 않으면 쏘지 않고
약육강식의 자연에서 살아남기 위해
나름의 강한 힘과 독을 지녔을 뿐인데

입으로는 언제나 환경과 자연보호
자연과 공존해야 한다고 외치면서
말벌만 보면 왜 때려잡으려 할까

조금만 양보하면 공존할 수 있는데
우선 잡아 죽이려 하는 것은
전생의 원한이 아니라면
노방봉주를 탐내는 흉측한 마음을
재난 예방으로 속이려는 술수일까

살아남기 위해, 쉽게 죽지 않기 위해
강한 힘과 독을 지니고 태어났는데
오히려 생명과 생존을 위협하고
단축하는 아이러니는 약육강식의
비정함 만일까

(2022.09.14.)

생의 가벼움

본의 아니게 태어났으니
어쩔 수 없이 죽는 인생

삶과 죽음은
이승과 저승, 피안과 차안
하늘과 땅만큼의 차이라 해도
심장의 뛰과 멈춤, 의식의 있고 없음
숨의 쉼과 멈춤 정도의 차이일 뿐

잘 먹고 잘 살고 잘 나고
큰 권세를 누린 사람이나
못나고 못살고 못 먹은 사람이나
죽어서 화구에 들어가기만 하면

두 시간도 안 되어
누구나 1kg 남짓의 유골만 남긴 채
산 사람의 몫인 이름도 명예도 추억도
세월 속으로 흩어질 뿐이니
생은 얼마나 가볍고 사소한 것인가

(2022.09.08.)

한낮의 가을 햇살

쪽빛 하늘 흰 구름 몇 점 두둥실
너무 화사해서 서러운 가을 햇살

먼 바다 은빛 날개를 파닥이는
눈부신 윤슬처럼 끝없이 밀려오면

햇살 부끄러워 볼 붉어진 홍씨가
단풍 든 나뭇잎 뒤로 몸 숨기듯

햇살 시샘하는 소슬바람
옷섶을 스칠 때마다

오히려 식은 가슴에도
철모르는 가을바람 일렁인다

(2022.09.25.)

팔월의 황국黃菊

국화도 서리가 시린
늦가을에 꽃피어야 제격이지
팔월 말 산복도로 해돋이길 인도에
꽃피워 내놓은 황국 화분
아름답기보다 적막한 동네처럼
도리어 애처롭다

영웅이 태어나자 용마가 태어났지만
때를 만나지 못하면 애절한 용마바위
전설만 남길 수밖에 없고
눈 속에 피이시 꽃보다 향기와 이미지가
아름답던 매화도 사월에 꽃피면
오히려 추하게 보일 뿐이듯

인간이나 꽃이나 세상 모든 것은
때가 있는 것이라서 콩나물국도 끓이는
중간에 뚜껑을 열어서는 안 되듯
제 가치를 인정받고 제구실하려면
아무리 바빠도 늦어도 분수를 알고 때를
기다릴 줄도 알아야 하는 것 아닐까

(2022.09.30.)

연골주사

사람은 이빨이 튼튼해야 오래 살고
관절이 좋아야 삶의 질이 좋아지며
관절도 기계처럼 기름치고 관리해야
더 오래 건강하게 사용할 수 있다기에
덜 아프기 위해 이를 악물고 아픔을
참는 정형외과 진료실

뼈 사이로 깊숙이 들어오는 주사바늘
'어떠세요?' 묻는다
아파도 어쩔 수 없이
'참을 만합니다' 하면
'다리에 힘을 빼세요'...
한참 후에 '끝났습니다'
'오늘은 너무 많이 걷지 마세요' 한다

오늘이 행복해야 내일이 행복하다
하면서도 내일의 행복을 위해
오늘의 고통을 감내하는 연골주사
무엇이든 오래 쓰고 많이 쓰면
낡고 닳아서 고장 나는 것은 당연한 이치
내일을 위해 억지로 기름치고 약 넣는 것도
어쩌면 지나친 욕심 아닐까 (2022.09.28.)

예술 전시회

무명 예술인의 진시회는
파리조차 꼬이지 않는데
날이면 날마다 수많은 예술인들이
끊임없이 작품을 창작하고 전시회를
개최하는 까닭은 무엇일까

파도가 하루도 빠짐없이 철썩이는 것은
누가 들으라고 철썩이는 것이 아니라
그것이 그의 의무이자 존재 이유이고

해가 뜨고 달이 지는 것도 누가 보라고
뜨고 지는 것이 아니라 그것이 그들의
운명이거나 존재 이유이듯

무명의 예술인들도 찾고 보는 사람
없어도 주린 배 움켜쥐고 오늘도 작품을
창작 출판 전시하는 것은 그것이 그들의
운명이자 존재 이유이기 때문 아닐까

(2022.09.23.)

이상과 현실

오늘은 항상 내일의 꿈을 먹고 살기에
오늘이 힘들고 어려울수록 내일이란
희망이 있어서 현실을 넘어설 수 있고

이상은 언제나 꿈이거나 환상일 뿐이고
꿈과 환상은 현실에서 깨지기 마련이라서
이상이 클수록 실망도 클 수 있지만

현실은 깨어질 꿈과 환상이 있기에
오히려 새로운 꿈과 기대도 가질 수
있어서 살만한 세상이 되기도 한다

이상과 현실은 서로 모순되고 극복해야 할
대상이지만 이상은 현실이 있어 더욱 빛나고
현실은 이상이 있어서 살만한 곳이 되듯

내일 당장 깨어질 꿈이나 환상일지라도
오늘의 빛나는 삶을 위해서는
내일을 향한 더 큰 꿈과 이상이 필요할 뿐

(2022.09.21.)

생존의 아이러니

약육강식과 적자생존의 생태계에서
강하고 잘나고 귀엽고 사랑스러운 자가
오래 산다는 생각은 착각이거나 오해다

먹이사슬의 최상위에 있는 자 외에
그렇지 못한 존재에게는
굽은 소나무가 선산을 지킨다거나
암탉은 알을 잘 낳아야 오래 산다지만
그 반대인 경우가 더 많다

약효가 좋은 동식물보다 쓸모없는 동식물이
안전하게 오래 살고 귀여운 애완동물보다
인간이 싫어하는 동물이 자유롭게 오래 살며
씨앗도 인간에게 쓸모가 없거나 더러워서
인간이 싫어해야 천수를 누릴 수 있을 뿐

생태계를 지배하는 최상위의 인간이 아니면
강할수록 잘날수록 사랑스럽고 예쁠수록
오래 산다는 것은 착각이거나 오해일 뿐
인간은 자연의 질서를 파괴하는 무법자다

(2022.09.16.)

입장 차

같은 대상이나 사실에 대해서도
평가나 호불호가 서로 다른 것은
보는 사람의 입장이나 관점의 차이 때문

배구공과 축구공과 탁구공은 허구한 날
뺨을 맞고 발로 까이고 주걱으로 얻어맞고
야구공과 골프공은 날마다 실밥과 머리가
터지도록 쇠몽둥이로 두들겨 맞는다고
불평 불만하며 매일이 죽을 맛이라고
탄식하며 슬퍼하지만

당사자와 달리 바라보는 구경꾼들은
그렇게 얻어맞고 까이고 두들겨 맞아야
오히려 공다운 공이 된다고 비아냥거린다

세상 어떤 것도 입장이나 관점을
역지사지해보면 이해하지 못할 것도
존중하지 못할 것도
행복하지 못할 것도 없는 것을

(2022.09.22.)

시의 생략

포장만 화려한 값비싼 물건은
팥소 없는 찐빵이나 단물 빠진 껌처럼
껍질만 남아서 무미건조할 뿐이듯

생략도 함축을 위한 것일 때는
시의 기본이자 시를 시답게 하지만
생략만 있고 함축이 없거나 본질 자체를
생략하고 아무 말 대잔치만 남는다면
아무도 그 의미를 알 수도 없게 된다

시는 즐기기 위해 읽는 것이지
배우기 위해 읽는 것이 아니라면
누가 힘들게 독해를 위해 시를 읽겠는가
생략을 위한 생략이나 무조건 생략은
마침내 본질마저 생략되지나 않을는지

생략은 함축을 위한 것일 뿐
남이 모르게 하기 위한 것이 아니라면
생략도 누구나 쉽게 읽고 이해할 정도만
생략하고 함축해야 좋은 생략 아닐까

(2022.09.12.)

제4부

2022.10

거울 보기

세수하거나 외출할 때
남의 눈과 평가를 위해
누구나 찾고 보게 되는 거울
언제나 정면만 비추고 볼 수 있을 뿐
뒷모습은 비출 수도 볼 수도 없다

바라보는 사람의 절반은 앞을 보지만
나머지는 모두 뒷모습을 보며
역사의 거울도 손질하고 꾸민 앞면보다
언제나 있는 그대로의 모습을 보거나
남아 있는 뒷모습만 보고 평가한다

인간의 삶은 언제나 지금의 앞모습만 보고
가꾸기에 힘쓰지만 앞모습을 가꾸는 이유도
결국 후대의 좋은 평가를 위해서라면

앞모습만 바라보기보다 오히려 뒤를
자주 돌아보고 뒷모습을 생각하며
앞모습만 가꾸기보다 뒷모습을 멋지게
만드는 것이 바람직한 거울 보기 아닐까

(2022.10.16.)

불꽃놀이

어두운 밤하늘에 화려하게 피는 꽃
어두울수록 빛나고 황홀한 불꽃
밤하늘에 높이 피어서
낮 꽃이나 땅 꽃보다 더 아름답다

순간에 피었다가 순간에 지지만
한순간에 보여주는 꽃의 일생
너무 짧아서 안타깝고 허무해도
순간의 아름다움 짧아도 길고
짧아서 외려 더 아름다운 불꽃놀이

밤하늘에 핀 꽃
인간의 꿈을 만나
사람마다 가슴속에
불꽃 같은 꿈을 심고
새로운 꽃으로 피어나기를

(2022.10.09.)

아름다운 손

얼굴의 수릅이 세월의 훈장이라면
손등의 주름은 인생의 훈장이다

훈장이 특별한 공적을 기리는 명예라면
누구에게나 주어지는 얼굴의 주름보다
특별한 삶의 궤적을 보여주는 손등의
주름이 삶의 진정한 훈장이다

금수저로 태어나 어려움 없이 살아온
사람들의 섬섬옥수가 아니라서
남들에게 보이기 부끄러워
함부로 내놓기도 싫어하지만

흙수저로 태어나서 맨주먹으로
모든 역경 극복하고 자식들을
세상의 역군으로 키워낸 손이라면

마디마다 울퉁불퉁 뒤틀어진 손가락과
검고 거친 주름투성이의 손등이야말로
오히려 자랑스럽고 훈장이 새겨진
아름다운 손 아닐까

(2022.10.18.)

가장의 의미

가장은 한 집안의 방패다
사계절 비바람과 풍설을 막아내고
밖으로부터의 어떠한 위험과 위협도
혼자 막아내는 갑옷이자 성벽이다

매일매일 갑옷을 정비하고 성벽을
점검해도 가족이 힘들거나 불만을
말할 때면 언제나 자신의 무능을
탓하거나 고독하게 갑옷과 성벽을
가다듬기만 거듭할 뿐

능력의 한계와 아픔을 느낄 때도
슬픔과 고통을 속으로만 삭이며
엄마만 힘들게 한다는 자식들의 비난과
아빠처럼 살기 싫다는 자식들의 불만을
오히려 대견하게 여기고 기대하면서

후회한다고 그립고 미안하다고
안타깝다고 자식들이 말할 때는
이미 때가 늦은 그런 존재다

(2022.10.14.)

예쁜 소나무

소나무가 칭송 받고 사랑받는 이유는
겉모양이 아름답기 때문일까
아니면 생래적 존재 방식에 대한
덧붙은 이미지 탓일까

어느 아파트 정원에 서 있는 소나무
말 잘 듣는 강아지가 미용실을 다녀온 듯
예쁘고 귀엽게 전지되어 있다

혹자는 참 귀엽고 예쁘다 하지만
어떤 사람은 소나무답지 못하고
오히려 역겹다거나 참 안타깝다 한다

세상 모든 존재는 다움이 있다는 견해와
다움이란 기성세대나 기득권자들에 의해
만들어진 편견일 뿐이라는 주장도 있지만

소나무의 아름다움이나 멋은
외모의 예쁨이 아니라
눈 서리를 무릅쓰고 꿋꿋하게
푸름을 유지하는 강인하고 굳센 절개라는
이미지가 덧붙은 그런 아름다움 아닐까 (2022.10.07.)

그리움

그리움은 이별이 낳은
꽃이자 보석이다

아쉬움과 회한이 클수록
향기롭고 빛나지만

세월의 굴절과 채색에 의한
향기와 아름다움일 뿐

이별도 당시에는 나름의
이유와 당위가 있었을 터

이루지 못한 짝사랑처럼

그리움은 그리움으로
남아 있을 때가
가장 빛나고 향기로운 뿐

(2022.10.17.)

동백섬의 시화전

부산의 관광명소 동백섬
누리마루에 시화를 전시하면
시들도 자랑스럽겠다며 출품했지만

출품한 작품들은 누리마루 뒤
산책로 철제 난간에 일렬로 묶여서
산복도로 윗마을 빈집의 문짝처럼
바닷바람에 펄럭이고 있었다

연휴라서 그런지 산책객들도 더러
있어서 몇몇은 난간 앞에 발길을
멈추기도 했지만 눈길은 난간 너머
끝없이 펼쳐진 수평선만 바라볼 뿐

전시된 작품들은 산복도로 윗마을
퇴락한 벽을 장식하는 벽화처럼
풍우를 무릅쓰고 제 혼자 펄럭이며
고독을 곱씹을 뿐

(2022.10.02.)

용두산 공원

삶이 답답하고 울적한 토요일 한낮
옛날 한적하고 좋았던 추억을 떠올리며
사색과 휴식을 위해 찾아간 용두산 공원

194계단 옆에 설치된 에스컬레이터가
계단에 쭈그리고 앉아 6.25 전쟁 때
헤어진 부모 형제를 그리워하던 사람들의
애끓던 정을 지우고 있었지만
아픈 무릎을 위해 쉽게 공원에 올라 보니

새로 생긴 구조물들과 관광객들이 너무 많아
영리를 위한 수단과 구조물만 빛을 발할 뿐
옛날의 추억은커녕 답답하고 번잡스러워
공원이 도심보다 더 소란하다는 생각에
공원 같은 도심으로 그만 발길을 돌린다

공원은 개발되지 않거나 덜 개발되어
나름의 휴식과 사색을 즐길 수 있는 곳이
오히려 제대로 개발된 그런 공원 아닐까
엉뚱한 생각에 옛날이 그리울 뿐

(2022.10.08.)

계설

봄비는 올 때마다 기온이 올라가고
가을비는 올 때마다 기온이 떨어져서
계절의 변화를 재촉한다 했는데

올해는 속설을 이기려는 듯 비가 와도
오지 않아도 봄은 춥고 가을은 더워서
계절이 치매인가 했더니 며칠째
오는 듯 오지 않는 가을비에도 계절은
어쩔 수 없는지 아침저녁으로는
자신도 모르게 옷깃을 여민다

우리의 삶도 계절처럼 어김이 없어
때가 되면 근심 걱정은 기우가 되고
기대하는 모든 일들은 마침내 웃음으로
마무리되는 그런 삶이 될 수 있다면…

며칠째 흐리고 우중충하기만 한 날씨
가을비가 와도 오지 않아도 그만이지만
괜스레 헛된 공상만 구름 꽃을 피운다

(2022.10.06.)

고독孤獨

올 때도 혼자 왔고
갈 때도 혼자 가니
원래 혼자였는데
왜 외롭고 고독하다 슬퍼할까

외롭지 않으려 사랑했던 사람도
세월이 늙고 사랑이 식으면
단풍 들어 낙엽 지듯
함께 있어도 없어도
외롭고 고독하긴 마찬가지

고독을 떨치려 새로운 만남을 만들어도
생각과 이상이 서로 다르면
몸은 지척이라도 마음은 천리라서
오히려 더 힘들고 괴로울 뿐

어차피 고독이 운명적인 것이라면
억지로 벗어나려 애쓰고 안달하기보다
차라리 즐기고 사랑하면 어떠리

(2022.10.04.)

담금주

과일, 꽃 따위의 재료를 소주 등의
술에 함께 넣어 우려낸 술 담금주

오래 숙성할수록 풍미가 좋아지고 성분이
좋아지는 것도 있지만 재료도 다양하고
숙성의 기간도 서로 달라서 무턱대고 발효나
숙성만 오래 시키면 곰팡이가 피고
썩거나 독성이 생겨나서 못 먹게 되듯

인간의 삶도 누구나 오래 살려 하지만
잘 사는 삶은 극적인 순간에 마감해야
아쉬움과 여운을 남기고 오래 살 뿐
오래 살며 끝이 희미하고 아름답지 못하면
오히려 삶 전체를 망치게도 된다

문인이나 문학작품도 자기만의 독특하고
특별한 맛과 향을 위해서는 담금주처럼
자기만의 숙성기간과 극적인 때를 알고
들고 남을 지켜야 하는 그런 것 아닐까

(2022.10.06.)

도원결의桃園結義

현재까지 수많은 결의와 맹세가 있었지만
유독 '삼국지연의' 속의 유비 관우 장비가
형제의를 맺고 부귀 환난을 함께 하며
한날한시에 죽기로 맹세한 도원결의만이
인구에 회자하는 까닭은 무엇일까

오늘날의 결의와 맹세는 대부분 개인적인
영달이나 성공을 위한 결의였기에 어려울
때는 뜻을 함께 하기 쉽지만 성공한 후에는
오히려 개인적인 욕심이 앞서서 각자의
욕심만 채우려 서로 시기 질투하다가
마침내 모두가 파멸하는데 비해

유비 등의 결의와 맹세는 목적부터 개인적인
욕심이 아니라 국가와 백성을 위한 정의의
실현이었고 끝내 목적을 달성하지 못했기
때문에 오히려 죽는 날까지 처음의 맹세를
지키고 목숨을 던질 수 있었던 것일 뿐

천년도 더 지난 도원결의가 오늘날 새삼
세간에 회자하고 마음에 와닿는 것은
진정한 의리와 맹세와 인간관계는 시대에 따라
변하고 평가되는 것이 아니기 때문 아닐까 (2022.10.27.)

무료함

인생은 언제나 주어진 현실보다
새롭고 더 나은 것을 추구하기에
세상이 발전하고 변화하는 것이지만
인생에 행복을 가져다주지는 못하듯

삶이 무료하고 답답할 때도 자극적이고
변화 있는 일탈을 꿈꾸지만 막상 일탈
후에는 후회와 후유증만 남길 뿐
일상의 삶을 행복하게 하지는 못한다

속이 헛헛하면 괜스레 매콤하고
자극적인 음식이 당기지만
먹고 난 후에는
오히려 속이 더부룩하고 쓰리듯

노년이 되면 누구나 무료함을 벗어나
새로운 변화와 발전을 추구하려 하지만
애쓸수록 마침내 마지막을 앞당길 뿐
행복을 가져오지는 못하는 것 아닐까

(2022.10.26.)

오늘을 사는 자세

누구는 내일 지구의 종말이 올지라도
오늘 사과나무를 심겠다고 말하지만
누구는 내일은 내일에 맡겨두고
오늘 최선을 다하면 그만이라 하듯

젊은 시절은 내일과 겨울을 위해
일개미와 꿀벌처럼 살아야 하지만
노년이 되면 내일을 담보할 수도 없고
이미 겨울이기에 베짱이와 매미처럼
살아야 하는 것 아닐까

특히 칠십대를 지난 나이라면
하기 싫은 일은 내일로 미루거나 하지 말고
하고 싶은 일은 무엇이든 하고
할 수 있는 오늘 당장 해야 하고

먹고 싶고 입고 싶은 것도 내일을 위해
뒤로 미루거나 남겨두지 말고 오늘 제일
맛있고 멋있는 것부터 먹고 입는 것이
오늘을 사는 노년의 바람직한 자세 아닐까

(2022.10.16.)

잘사는 삶

세월도 밤낮과 계절의 변화와
비바람과 눈서리 같은 굴곡이 있고
계절도 사계절과 꽃샘추위와 태풍과
폭설 같은 굴곡과 변화가 있듯

인생도 엎어지고 자빠지고 흥하고
망하는 굴곡과 변화는 당연한 것이라서
모든 흥망성쇠는 흥진비래하고
고진감래하며 새옹지마하기 마련
어떤 일에도 일희일비하며
좋아서 날뛰기니 괴로워힐 필요도 없나

칠년대한에도 비 오는 날 있고
아무리 긴 장마에도 구름 사이로
햇살 빛나는 날도 있다 했으니
자빠지면 털고 일어서면 그뿐
무슨 일이든 그냥 그러려니 하며
담담하게 사는 것이 잘사는 삶 아닐까

(2022.10.10.)

절후의 지혜

계절과 절후는 어김이 없다지만
대서가 소서 집에 갔다가 땀띠만 나고
대한이 소한 집에 놀러 갔다가
얼어 죽었다는 말처럼 부분적으로 보면
그렇게 정확하지도 분명하지도 않다

대서와 대한이 말만큼 덥지도 춥지도
않은 것은 소서 소한에서 미리 큰 더위와
추위를 겪었기 때문에 오히려 견딜 만했고
입춘과 입추가 말보다 훨씬 춥고 더운 것도
마음에 봄과 가을을 미리 심어서 추위와
더위를 떨치려는 배려 때문이었을 뿐

유비무환이란 말이나 매도 먼저
맞는 것이 낫다는 말처럼 절후의 어긋남은
미리 겪거나 준비하면 아무리 힘들고 어려운
일이라도 더 쉽게 넘어갈 수 있다는
선인들의 배려와 지혜의 발로 아닐까

(2022.10.12.)

초시일관初志一貫

옛날에는 성공의 첫째 조건이었던
초지일관이 오늘날에는 실패는 물론
문제적인 행위가 되고 우물을 파도
한 우물을 파라는 말도 마침내 자신의
무덤을 파는 일로 전락하기도 하고

못 올라갈 나무는 처다보지도 말라
했는데 고집부리고 잘 벼리지도 못한
도끼로 백번이나 찍으면 스토커가 되어
감방문을 두드리게 될 뿐
개 꼬리 삼 년 묻어두어도
소꼬리 되지 않는 세상이다

현대는 삶의 패러다임이 어지러울 정도로
빨리 변하기 때문에 살아남고 성공하기
위해서는 초지일관이나 일이관지보다
세상의 흐름과 변화를 선도하거나
변화에 먼저 적응해야 뒤처지거나
도태를 면할 수 있는 그런 세상 아닐까

(2022.10.02.)

한로寒露상강霜降

입추가 한참을 지나도 가을은 아직도
멀리 있는가 했는데 한로 상강을 지나자
아침저녁 자신도 모르게 몸을 움츠리고
옷깃을 여미게 된다

한로 상강에 찬 이슬과 서리가 내리지
않아도 뒤를 돌아보면 계절만큼
정확한 것도 없어 길가의 가로수는
언제 왔는지 가을의 전령들이
울긋불긋 색동옷 갈아입고 있다

빨리 오지 않는다고 투덜대던 가을
막상 앞에 닥쳐도 특별히 좋은 일도
달라질 것도 없고 몸만 으스스하고
다가올 겨울이 오히려 걱정되는 것은

정권이 바뀌기를 바라다가 막상 바뀐
뒤에는 도리어 구관이 명관이었음을
깨닫게 되는 것처럼 할 일 없는 노인들의
쓸데없는 걱정이고 희망 사항일 뿐일까

(2022.10.24.)

아첨과 간사함의 양면성

약육강식과 적자생존의 정글에서
남보다 강한 힘을 가지거나
아니면 절대강자에게 빌붙어야
살아남을 수 있다면 약자의 아첨과
간사함은 나쁘기만 한 것일까

충신과 열사도 우리라는 집단이나
자기에게 이로울 때 만이고
상대에게는 역적이 될 수도 있으며
간신배 소인배도 보는 관점에 따라
달리 평가될 수 있다면

어느 쪽을 선택하느냐는
인생관이나 세계관의 문제일 뿐
절대적인 평가의 기준이 될 수는 없다

애완동물이 주인에게 무조건 복종하고
시키는 대로 잘해야 더 많은 사랑을 받고
오래 살아남을 수 있듯 간사함과 아첨도
36계처럼 처세술의 한 방법이라면 억지일까

(2022.10.30.)

해서는 안 될 말

아무리 원망하고 욕해도
되돌릴 수도 어찌할 수도 없는 말

"어머니 왜 날 낳으셨나요?"
"왜 태어났니? 못난 놈"

누구나 말하고 싶지만
할 수도 해서도 안 될 말이다

부모는 그런 자식 낳고 싶어서 낳았고
자식은 그렇게 살고 싶어서 살까

어쩌다 본의 아니게 낳고 태어났으나
누구보다 잘나고 잘되기를
서로가 희망하고 바라기 때문

그렇게 낳고 사는 것은 운명일 뿐
누가 누구를 원망하고 욕하는 말은
할 수도 해서도 안 되는 그런 말 아닐까

(2022.10.23.)

제5부

2022.11

지리산 곶감

넓은 평상 위 검은 가림막 아래
줄마다 엮여서 빼곡하게 매달려
몸 말리는 곶감 모습
홍산호를 꿰어 줄 세워 놓은
주판알처럼 신기하고 아름답다

우화하는 매미처럼 인간 손에 껍질이
벗겨질 때 아픔이야 오죽했을까마는
밤마다 지리산 천왕봉 정기 받은
계곡물 흐르는 소리에 몸을 씻고
낮에는 중산리의 붉은 단풍빛에
몸을 물들이고 말려 발그레 익으며
두 달 동안 숙성을 기다린 뒤
마침내 달고 향기롭게 환골탈태하는 곶감

떫은 감이 곶감이 되는 과정도 이러한데
하물며 인간이 인간답고 향기를 풍기려면
어떠해야 하겠는가 생각하니 달큰하고
향기로운 곶감조차 오히려 숙연하다

(2022.11.28.)

은행나무 가로수

춘래불사춘이란 말처럼
올해도 추래불사추였는데
나무는 벌써 옷을 벗고 겨울 채비가
한창이고 도회지의 길거리는 낙엽만이
정처 없이 방황하는 가을의 끝자락

한때는 훤칠한 키와 무성한 잎으로
특별한 사랑 받았으나 냄새가 더럽다
생업에 방해된다며 목 잘리고
팔 잘려 몽탕해진 은행나무

원수를 은혜로 갚으려는 듯
쌀쌀한 바람을 물감의 재료 삼아
온몸을 노랗게 그림 그리며 제 혼자
만추의 쓸쓸한 계절감을 위로하는
도회지의 은행나무 가로수

삭막하고 음습한 회색의 길거리에
가을을 색칠하고 가을을 굴리는 것은
오로지 노랗게 물든 은행나무 뿐
너는 가을의 전령사라기보다 가을의
화가이자 선물이고 아름다운 위로다 (2022.11.21.)

잘하는 말

유식한 자의 고담준론이나
청산유수의 달변이나
잘난 자의 폐부를 찌르는 훈계나
동료를 동정하는 말이
잘하는 멋진 말일까

고담준론은 잘난 체한다 경원시하고
달변은 항상 그러려니 하고
훈계는 반발심을 불러일으키고
동정은 자존심을 상하게만 할 뿐

평범하고 일상적 용어로
더듬거리고 어눌하지만
상대를 배려하는 진심을 담아
상대를 이해하고 긍정하고
격려하고 위로하는 말이라야
언제나 상대를 감동시키는
진정으로 잘하는 말 아닐까

(2022.11.23.)

치매의 역설

인생은 고해의 바다
바보는 행복하다지만
바보는 정말 행복할까

바보는 행불행을 모를 뿐
모른다고 행복하지는 않을 터

치매는 어제도 오늘도 잊고
너도 나도 잊어서 바보가 된다
치매 환자는 바보라서 행복할까

채매 환자도 행불행을 잊었을 뿐
잊고 모른다고 행복하지는 않을 터

바보라고 모른다고 행복하다는 것은
행불행을 아는 자의 해석일 뿐

바보와 치매는 행불행조차도 모를 뿐
모른다고 불행하거나 행복하지는 않을 터

(2022.11.27.)

경남 수목원

메타세쿼이아가 쳐놓은 황갈색 차일을
카펫 삼아 수목원에 들어서면 입구부터
짙고 강한 단풍 색깔에 자지러지는 눈

안으로 들어갈수록 아름답고 특별한 동물과
꽃들은 물론 전망대에서는 나무가 화석이
된 화석나무가 만년의 역사를 들려주고

어디를 가든 곳마다 어린아이가 크레파스를
색깔대로 함부로 그림 그린 듯
사실파 화가들이 단풍 색깔이 시샘 나서
원색의 수채물감을 종류대로 뿌려놓은 듯

파아란 하늘 아래 가을 햇살과 어우러진
단풍이 가는 곳마다 눈길 발길을 붙잡는
경상남도 가을 수목원

울긋불긋 알록달록 색깔의 경연장이자
원색의 가을 물감 천국이다

(2022.11.09.)

말벌

인간에게 사랑받고
도움이 되는 벌도 많은데
말벌은 도움은커녕 인간에 맞서고
인간을 겁먹게 하는 존재지만

인간이 먼저 건드리지 않으면
일부러 인간에게 해를 끼치거나
함부로 공격하지는 않는다

다만 이유 없이 상태를 알아보기 위해
막대기로 찔러보거나 앞에서
얼쩡거리며 위협하면 크게 다치거나
목숨을 걸어야 할지도 모른다

언젠가 완전 제거가 필요하다면
인간이 피해를 입지 않는 제거가
확실할 때까지 멀리하고 기다리며
피하는 것이 최선의 방법 아닐까

얄미워서 밟아버리고 싶지만
어르고 달래야 하는 북한처럼 (2022.11.23.)

아내의 김장

늙은 아내의 자존심이자
남편이 마당쇠가 되어야 하는
아내의 김장하는 날

해마다 남편과 언쟁을 만들고
끝난 뒤에는 며칠씩이나 끙끙대며
앓아누워야 하는 아내의 김장

아들도 딸도 며느리도
크게 달가워하지도 않고
고맙게 여기지도 않는 김장 김치

아내가 해마다 몸살을 앓으면서도
억지로 김장을 하고 생색을 내며
자식들에게 나누어 주는 것은

아마도 몸은 늙었지만 너희들보다
아직은 잘하는 것이 있다는
아내의 자존심과 사랑의 표현 아닐까

(2022.11.30.)

싹수

될성부른 나무는 떡잎부터 다르듯
싹수 있는 시인들은 대부분 십대부터
등단하여 두각을 나타내고
남다른 결과물도 남긴다

시는 청춘의 장르라서
천부적으로 타고나야만 가능한지
알 수는 없지만 늦게 등단하여
대기만성한 작가도 드문 것이 현실이다

편견을 깨보겠다는 심사인지
만년에 등단한 작가들 그저 그런 태작만
배출하면서도 불철주야 애를 쓴다면
분수를 모르는 무식의 소치일까

일찍 핀 꽃은 일찍 질 뿐
늦가을에 피는 들국화도 나름의
아름다움과 향기를 지녔듯
봄꽃을 부러워할 이유가 없다 하면
분수를 망각한 자기 위안일 뿐일까

(2022.11.25.)

죽음

이둠과 무명의 세계일 뿐이지만
누구나 무섭고 싫고 두려워하는 죽음

어둠과 무명은 온갖 귀신과 도깨비를
만들어내지만 막상 밝음을 만나면
순식간 모든 두려움과 괴물은 사라지고

미지의 낯선 길에 들어서면
온갖 두려움이 앞서지만
막상 그 길을 벗어나면
새로운 무릉도원이 펼쳐지기도 하듯

밤이 아무리 어둡고 무서워도
아침 해가 떠오르고 어둠이 걷히면
어떤 공포와 두려움도 일시에 사라진다

죽음은 누구도 가보지도 알지도 못하는
미지의 어둡고 무명한 세계일 뿐이라면
두려워하고 싫어하고 무서워하기보다
오히려 새로운 기대가 필요한 것 아닐까

(2022.11.20.)

남성변기의 사랑

아내는 삼식이라 눈 흘기고
자식들은 성가시다 귀찮다 하고
수틀리면 중천의 요양병원 들먹이며
가까이 하기를 꺼려하는 익은 영감들

한 걸음만 가까이 오시면
얼마나 고마울까
한 발자국만 다가서면
얼마나 감사할까
한발만 앞으로 다가오면
얼마나 좋을까

공공 화장실에만 가면 남성 변기가
사랑하는 님 반기듯 너무도 다정하다

다정할수록 익은 남성들
자신이 홍시가 될까 두려움 때문에
오히려 꺼리기도 하지만

가끔 너무 외롭고 쓸쓸할 때는
오히려 세상 모두가 남성 변기였으면
참 좋겠다 생각하는 것은
자신이 너무 익은 탓 만일까 (2022.11.21.)

면도

할 때는 성가셔도
하고 나면 기분 좋은 면도

외출하기 위해 면도하다가
거울 보니 면도하기 전의 얼굴보다
훨씬 깔끔하고 산뜻하다

출근할 때는 매일 매일 하던 면도였지만
정년퇴직 후에는 보기 흉하다고
아내가 잔소리할 때나
외출할 때만 어쩌다 하는 면도

외출이나 특별한 만남의
바로미터가 된 면도지만
오라는 곳도 갈 곳도 없다면

차라리 면도부터 먼저 해서
스스로 특별한 외출이나 만남이라도
만들어보는 것은 어떨는지

(2022.11.18.)

인간의 사랑

자식 향한 부모의 사랑 이외에
인간의 어떤 사랑도 이기적이고
자신을 위한 사랑 아닌 것은 없다

인간관계에서 남녀 간의 사랑도
내가 기쁘고 즐겁고 행복하지 않으면
상대를 사랑할 이유가 없고

유기묘나 동물에 대한 사랑도
자기만족일 뿐 약육강식의 생태계에서는
또 다른 약자의 생명을 위협할 뿐이며

단풍에 대한 사랑조차도
따지고 보면 나무의 어쩔 수 없는
생존의 몸부림이자 죽음 같은 고통을
도리어 사랑하고 즐기는 것일 뿐

인간의 사랑은 자기 자신을 위한
이기적인 사랑일 뿐 대상 자체만을 위한
순수한 이타적 사랑은 없는 것 아닐까

(2022.11.20.)

희생양

옛날부터 나라에 큰일이 있을 때나
앞으로의 안녕과 평안를 기원할 때
하늘에 제사를 지내며 양을 잡아
희생으로 바쳤듯

오늘날도 나라에 큰 사건이 터지거나
사망 사고가 나면 사건을 수습하고
민심의 안정을 위해서는 반드시 희생양이
필요하고 사건의 정도에 따라 희생의
양과 크기도 달라진다

사건이 발생하면 사건의 이유야 무엇이든
불의에 죽은 사람들은 억울하고 한이
맺히기에 한을 풀어주지 않으면 사건을
해결할 수 없어서 모든 사건에는
마침내 한풀이와 희생양이 필요하다

때를 놓치면 호미로 막을 일 가래로도
막지 못하듯 빠를수록 좋지만
다만 책임지지 않는 단순한 희생양은
또 다른 희생만 요구할 뿐이다 (2022.11.02.)

성곽의 아이러니
– 성곽순례 1

높고 두꺼운 성벽과 깊은 해자는
외적 방어와 백성 안녕의 상징이라는데

달나라에서도 보인다는 만리장성 쌓고
영세무한을 꿈꾸던 진시황제
반백년도 못 살았고
나라조차 삼대에서 망했듯

기대와 달리 성벽을 높고 길게 쌓을수록
백성의 원성도 높아지고 관료들은 부패해서
나라는 성벽과 비극적 사연만 남긴 채
외적이 오기도 전에
스스로 먼저 무너졌다는 사실

나라의 흥망성쇠는 성벽의 높낮이와
길이에 달린 것이 아니라
마음의 성벽이 무너졌기 때문이라는
성곽의 증언 아닐까

(2022.10.19.)

금정산성
- 성곽순례 2

금정산성 동문 문루에 올라 보면
어디선가 장렬하지만 의기가 넘친
"싸워서 죽기는 쉬워도
 길을 빌려주기는 어렵다"는
송상현공의 외침이 들리는 듯하다

무기체계의 열세와 중과부적으로
왜장 고니시의 예봉을 감당하기 어렵자
무관 출신 장수들조차 도망치는 상황에서도
나라의 관문은 반드시 지키겠다는 투철한
사명감과 충절로 성민과 함께 장렬하게
순절한 송상현공

무너지고 헐어진 성벽과 붉게 물든 단풍과
늦가을을 노래하는 억새의 노래 소리는
가을바람에 소리마다 한이 서리고 쓸쓸하지만
통한의 붉은 충절 눈서리에 오만한 장송처럼
세월이 찰수록 오히려 푸르고 늠름하다

(2022.11.04.)

진주성
– 성곽순례 3

죽을 줄 알면서도 직분과 나라를 위해
장졸들이 장렬하게 전사하니 충절이요
대가 없이 나라와 민족을 위해 앞장서서
적과 싸우다 양민들조차 죽으니 절의요
기생의 몸이지만 민족의 자존심과
나라를 위해 목숨을 던지니 의기라

고립무원 중과부적 무기체계의 열세에도
한번 이기고 한번 졌지만 왜구들이
마침내 감당할 수 없다며 스스로 물러가니
패했으나 도리어 승리한 삼 절의의 진주성

관리와 백성과 가축들마저 몰살당했지만
사람은 가고 없어도 그날의 소리 없는
함성과 정신 면면히 이어져서
세상이 어지럽고 가을바람이 소슬할수록
진주성의 피맺힌 단심은 단풍보다
더 붉고 충절은 남강보다 깊고 푸르다

(2022.11.04.)

남한산성
- 성곽순례 4

가을이 깊어 가는 남한산성
천년을 넘어 계절은 변함없고
양춘대에는 가을볕이 서늘해도
꽃 대신 단풍이 한창 익어서
관광객들의 웃음소리 높아 있는데

임금이 장수가 되어 지킨다는
수어장대는 여전히 척화파와 주화파의
시대착오적 주장과 공허한 울음소리만
교차할 뿐 새로 단장한 엄숙한 단청은
오히려 나라의 흥망성쇠가 무상하고

장대 문간에 삼백 년을 훌쩍 넘어 홀로
추억을 간직한 채 모양 일그러진 향나무와
군데군데 헐어진 성벽만이 망국의 한과
부끄러움을 전해줄 뿐

세월을 넘어 변함없는 가을 단풍은
나라의 흥망을 아는지 모르는지
너무 아름답고 무심해서
도리어 안타깝고 서럽다 (2022.11.08.)

수원 화성
– 성곽순례 5

우리나라 성곽 문화의 백미로 꼽히며
세계 최초의 계획된 신도시로서
당대의 모든 능력과 기술이 집약되고

뒤주대왕으로 죽은 아버지에 대한 추모와
남편을 그리워하는 어머니에 대한 효심과
부모를 위한 복수의 원한이 한데 어우러진
효와 복수의 상징 수원화성

할아버지의 고명을 지키면서 천도를 통해
일거에 한풀이를 하고 조선을 반석 위에
올리려 했지만 훈구파의 저항과 방해를
끝내 이기지 못하고 도리어 천수도 누리지
못한 조선의 개혁적 명군 정조의 한과
정신과 의지가 아로새겨진 수원 화성

전화의 비극이나 패배의 아픔을 겪지는
않았지만 단장한 성곽에 부는 가을바람이
더욱 소슬하고 단풍이 오히려 쓸쓸한 것은
대장부의 장한 뜻이 꺾어진 탓 아닐까

(2022.11.05.)

평가의 차이

천상병 시인의 시비 제막과 추모제
해마다 많은 사람들이 모여 추모하고
평가하지만 몇몇은 비판하기도 한다

동백림 사건으로 억울하게 반신불수가 된
시인이 귀천에서* 인간 삶을 소풍이라
표현하고 그것도 아름다웠다고 말하는 것은
비겁하게 시대적 소명을 외면하고 비켜서거나
권력에 아첨하는 미사여구일 뿐이라는 평가

죽음이 가까워지면 새는 울음소리가 슬프고
사람은 하는 말이 착하나 했듯
천상병 시인도 죽음에 임박하여 그때까지의
모든 원한과 억울과 아픔조차도 용서하고
오히려 넘어서려는 초월의 의지를 아름다움과
소풍으로 형상화한 것으로 봐야 한다는 평가

작가가 시를 쓰는 것이 시대적 소명과
지성인의 의무를 다하기 위한 것이 아니라는
관점에서 보면 후자의 주장이 일견 가슴에
와 닿기도 하지만 다른 관점에서 보면
전자의 지적을 넘어서지 못한 점은
여전히 아쉬움으로 남는다 (2022.11.27.)

* 천상병의 대표작 제목이자 시비에 새겨진 시.

12월 막달

일 년 동안 함께 했던
열두 남매 모두 떠나고
혼자 남은 십이월 막달

돌아보면 안타깝고 허무하고
아쉬움만 남지만 열 손가락
깨물어서 안 아픈 손가락 없듯

아직도 남아 있는
서른 한 명의 손자 손녀
못내 안타깝고 아쉽다

이들마저 금방 어제가 되고
사라질 것을 알면서도
떠나간 남매들에 대한 안타까움

이번 막달은 지난 뒤에도
머리를 주억일 수 있도록
日新又日新의 각오를 다짐해본다

(2022.11.30.)

빌문跋文

잘 쓴 글과 말

전문적인 연구논문이나 평론이나 논설 등은 분명한 이론과 심오한 철학과 논리가 있어야 잘 쓴 글이고 좋은 말과 글이 되지만 일상적인 실용문이나 문학적인 글에서는 곡학아세는 안 되겠지만 시의적절함이 다른 어떤 이론이나 논리보다 앞서고 중요하다.

결혼식장에 주례로 초대받은 은사가 결혼 당사자의 학창 시절 단점을 들추이내며 고쳐야 백년해로할 수 있다고 조언하면 틀린 말은 아닐지라도 잘한 축사와 글이 될까? 이미 학창 시절의 흠결을 고치고 변했을지도 모를 일이고 또 그렇지 않다고 하더라도 남들이 알지도 못하는 흠결을 만인이 좌시하는 결혼식장에서 드러내어 낙인을 찍는 것은 잔치상에 재를 뿌리는 심술이거나 스스로 잘난 체하는 말일 뿐 전혀 도움이나 축하가 되지 못하는 말과 글이다. 차라리 결혼을 축하한다는 한마디 덕담과 힘찬 박수보다 못하지 않겠는가?

칠십여 세에 돌아가신 아버지의 상을 당한 지인의 초상집에 조문하러 가서 국가적인 저출산 문제와 초고령 사회의 문제점을 들먹이며 70세가 넘어서 죽는 것은 호상이라며 호기를 부린다면 틀린 말은 아닐지라도 잘난 체하고자 하는 자기 과시의 말이나 글일 뿐 상주에게 뺨을 맞지는 않는다 해도 잘하는 말이나 글은 아니다. 차라리 잠시 곡이라도 한바탕하고 고인의 명복을 빈다는 상투적인 말보다 못하지 않을까?

친구의 승진 축하 잔치에 가서 분수에 맞지 않은 높은 자리는 인생을 불행하게 만들 수 있다며 고담준론인 줄 착각하고 백이숙제나 선인들의 겸손을 거론하며 자아도취에 빠져 자신의 변변치 않은 인생론을 떠벌린다면 진정으로 친구의 승진을 축하하는 말과 글이 될까? 시기 질투가 아니라도 차라리 입을 닫고 있는 것보다 못한 말과 글이 될 것이다.

문학 작품집의 말미에 붙이는 평설도 평설자의 문학관이나 해박한 이론적 지식이나 철학 사상 등을 자랑하는 자리가 아니다. 평설은 본격적인 평론이나 연구 논문이라기보다 작가의 작품 중 이해하기 어려운 작품이 있으면 해박한 지식으로 쉽게 이해할 수 있도록 설명해주고 작가의 장점이나 특징을 찾아내어 부각하며 작가를 격려하고 자가가 더 좋은 방향으로 나아가고 발전할 수 있도록 방향을 제시하기 위해 쓰고 붙이는 글이다.

그리고 평설을 쓰는 과정에 작가의 문제점이 발견되고 고치는 것이 작가의 발전에 도움이 되겠나면 글이 아니라 다른 방법이나 자리에서 조언하고 지도해서 좋은 쪽으로 안내하거나 지도하면 될 일이다.

그런데 후배나 지인이나 제자의 평설을 써 달라는 간곡한 부탁을 받고 온갖 위세를 떨다가 막상 써 준 글 속에서는 모르는 체하고 말하지 않아도 어느 누구에게 피해를 주지도 문제가 될 것도 없는 자잘한 잘못을 찾아내어 콕 찍어서 비판하고 전체적으로 문제가 있는 것처럼 까발리고 폄훼하는 글을 쓴다면 이것은 자신의 안목을 자랑하려는 의도를 드러낼 뿐 부탁에 걸맞은 도의도 아니고 결코 좋은 글도 맘도 아니다.

만약 이런 글을 평설이라고 문학 작품집 뒤에 붙인다면 작가의 입장에서는 긁어 부스럼 내거나 혹 떼려다 혹을 붙인 격이거나 자승자박의 낙인이 될 수도 있다. 집에서 매 맞는 강아지 밖에 나가면 길가는 나그네에게도 발길질 당한다 했다. 낙인은 결국 남 말하기 좋아하는 사람들의 꼬투리가 되고 근거가 되어 입방아에 오르내리며 두고두고 작가를 괴롭히게 될 것이다.

이런 글을 어느 누가 잘 쓴 좋은 글이라 하겠으며 미친 바보가 아니라면 어느 누가 자청해서 자기의 작품집에 실겠는가?

그렇다고 좋고 잘 쓴 글과 말은 때와 장소를 가리지 않고 미사여구의 나열이나 무작정 찬양 일색의 글도 깊고 심오한 철학과 사상만을 드러내는 말과 글도 아닌 것은 물론이지만 대상의 잘못만을 면밀하게 살피고 찾아내어 날카롭게 비판하고 지적하는 말과 글은 더더욱 아니다. 진정으로 좋고 잘 쓴 글은 당시의 사정이나 때와 장소와 요구에 적합하고 부응하는 그런 글과 말이라 할 수 있다.

우리 문단의 많은 작가들이 붙이고 있는 평설을 두고 혹자는 결혼식의 축사같이 찬양 일색이라며 비아냥거리고 비판하기도 한다. 그러나 작가의 출판이 여성의 출산에 비유되고 평가는 금방 출산한 신생아를 보고 미래를 축원하는 말이라 할 수 있다. 그래서 신생아에 대한 평가는 잘 알지도 못하면서 단점이나 나쁜 평가의 말보다 오로지 축원의 의미를 담아서 말해야 하듯 평설도 평설을 쓴 사람이 비판적인 글을 쓸 줄 모르거나 무식하고 뭘 몰라서 그렇게 쓴 것은 아니다. 그런 곳에는 그런 글을 써야 하기 때문에 그렇게 쓴 것일 뿐이다.

누구나 글을 쓸 때는 자신에게 요구되는 글이 어떤 성

객의 어떤 글을 요구하고 필요로 하는가를 염두에 두고 글을 써야 할 것이다. 저 혼자 잘난 체하고 남의 글을 백안시하며 비난하는 사람은 오히려 글의 시의적절성을 모르는 자신의 경직된 사고방식을 드러내어 광고하는 글과 사람일 뿐이다.

(2023.02.27.)

괜스레

초판1쇄 발행 2024년 4월 12일

지 은 이 김수봉
펴 낸 이 이길안
펴 낸 곳 세종출판사

주소 부산광역시 중구 흑교로 71번길 12 (보수동2가)
전화 051－463－5898, 253－2213~5
팩스 051－248－4880
전자우편 sjpl5898@daum.net
출판등록 제02-01-96

ISBN 979-11-5979-671-5 03810

정가 12,000원